This book belongs to:

_____

_____

_____

SERVICE

Phone Provider

USERNAME:

PASSWORD:

SECURITY QUESTION:

ANSWERS:

Cable Provider

USERNAME:

PASSWORD:

SECURITY QUESTION :

ANSWERS:

Credit Card

USERNAME:

PASSWORD:

SECURITY QUESTION:

ANSWERS:

SOCIAL MEDIA

Google

USERNAME: _____

PASSWORD: _____

SECURITY QUESTION: _____

ANSWERS: _____

_____

YouTube

USERNAME: _____

PASSWORD: _____

SECURITY QUESTION: _____

ANSWERS: _____

_____

Facebook

USERNAME: _____

PASSWORD: _____

SECURITY QUESTION: _____

ANSWERS: _____

_____

_____

_____

_____

SOCIAL MEDIA

Instagram

USERNAME:

PASSWORD:

SECURITY QUESTION :

ANSWERS:

Twitter

USERNAME:

PASSWORD:

SECURITY QUESTION:

ANSWERS:

Snapchat

USERNAME:

PASSWORD:

SECURITY QUESTION:

ANSWERS:

SOCIAL MEDIA & ETC

LinkedIn

USERNAME:

PASSWORD:

SECURITY QUESTION:

ANSWERS:

Yahoo

USERNAME:

PASSWORD:

SECURITY QUESTION:

ANSWERS:

Amazon

USERNAME:

PASSWORD:

SECURITY QUESTION:

ANSWERS:

WEBSITE

USERNAME

PASSWORD

NOTES

• •

WEBSITE

USERNAME

PASSWORD

NOTES

A

• •

WEBSITE

USERNAME

PASSWORD

NOTES

• •

WEBSITE

USERNAME

PASSWORD

NOTES

WEBSITE

USERNAME

PASSWORD

NOTES

. . . .

WEBSITE

USERNAME

PASSWORD

NOTES

A . . . .

WEBSITE

USERNAME

PASSWORD

NOTES

. . . .

WEBSITE

USERNAME

PASSWORD

NOTES

WEBSITE

USERNAME

PASSWORD

NOTES

• •

WEBSITE

USERNAME

PASSWORD

NOTES

•   **A**

WEBSITE

USERNAME

PASSWORD

NOTES

• •

WEBSITE

USERNAME

PASSWORD

NOTES

WEBSITE

USERNAME

PASSWORD

NOTES

• • • • • • • • • • • • • • • • • • • •

WEBSITE

USERNAME

PASSWORD

NOTES

B　　　• • • • • • • • • • • • • • • • • • • •

WEBSITE

USERNAME

PASSWORD

NOTES

• • • • • • • • • • • • • • • • • • • •

WEBSITE

USERNAME

PASSWORD

NOTES

WEBSITE

USERNAME

PASSWORD

NOTES

· ·

WEBSITE

USERNAME

PASSWORD

NOTES

· ·

B

WEBSITE

USERNAME

PASSWORD

NOTES

· ·

WEBSITE

USERNAME

PASSWORD

NOTES

WEBSITE

USERNAME

PASSWORD

NOTES

• • • • • • • • • • • • • • • • • • • •

WEBSITE

USERNAME

PASSWORD

NOTES

B

• • • • • • • • • • • • • • • • • • • •

WEBSITE

USERNAME

PASSWORD

NOTES

• • • • • • • • • • • • • • • • • • • •

WEBSITE

USERNAME

PASSWORD

NOTES

WEBSITE

USERNAME

PASSWORD

NOTES

· ·

WEBSITE

USERNAME

PASSWORD

NOTES

·   C

WEBSITE

USERNAME

PASSWORD

NOTES

· ·

WEBSITE

USERNAME

PASSWORD

NOTES

WEBSITE

USERNAME

PASSWORD

NOTES

• •

WEBSITE

USERNAME

PASSWORD

NOTES

C • • • • • • • • • • • • • • • • • • •

WEBSITE

USERNAME

PASSWORD

NOTES

• • • • • • • • • • • • • • • • • • • •

WEBSITE

USERNAME

PASSWORD

NOTES

WEBSITE _____

USERNAME _____

PASSWORD _____

NOTES _____

_____

_____

• •

WEBSITE _____

USERNAME _____

PASSWORD _____

NOTES _____

_____

_____

• •

C

WEBSITE _____

USERNAME _____

PASSWORD _____

NOTES _____

_____

_____

• •

WEBSITE _____

USERNAME _____

PASSWORD _____

NOTES _____

_____

_____

WEBSITE

USERNAME

PASSWORD

NOTES

• • • • • • • • • • • • • • • • • • • •

WEBSITE

USERNAME

PASSWORD

NOTES

D • • • • • • • • • • • • • • • • • •

WEBSITE

USERNAME

PASSWORD

NOTES

• • • • • • • • • • • • • • • • • • •

WEBSITE

USERNAME

PASSWORD

NOTES

WEBSITE

USERNAME

PASSWORD

NOTES

● ●

WEBSITE

USERNAME

PASSWORD

NOTES

● ●

D

WEBSITE

USERNAME

PASSWORD

NOTES

● ●

WEBSITE

USERNAME

PASSWORD

NOTES

WEBSITE

USERNAME

PASSWORD

NOTES

• • • • • • • • • • • • • • • • • • • •

WEBSITE

USERNAME

PASSWORD

NOTES

D   • • • • • • • • • • • • • • • • • •

WEBSITE

USERNAME

PASSWORD

NOTES

• • • • • • • • • • • • • • • • • • •

WEBSITE

USERNAME

PASSWORD

NOTES

WEBSITE

USERNAME

PASSWORD

NOTES

· · · · · · · · · · · · · · · · · · · ·

WEBSITE

USERNAME

PASSWORD

NOTES

· · · · · · · · · · · · · · · · · · · ·

WEBSITE

USERNAME

PASSWORD

NOTES

· · · · · · · · · · · · · · · · · · · ·

WEBSITE

USERNAME

PASSWORD

NOTES

WEBSITE

USERNAME

PASSWORD

NOTES

• • • • • • • • • • • • • • • • • • •

WEBSITE

USERNAME

PASSWORD

NOTES

E • • • • • • • • • • • • • • • • • •

WEBSITE

USERNAME

PASSWORD

NOTES

• • • • • • • • • • • • • • • • • • •

WEBSITE

USERNAME

PASSWORD

NOTES

WEBSITE

USERNAME

PASSWORD

NOTES

• •

WEBSITE

USERNAME

PASSWORD

NOTES

• •

WEBSITE

USERNAME

PASSWORD

NOTES

• •

WEBSITE

USERNAME

PASSWORD

NOTES

WEBSITE

USERNAME

PASSWORD

NOTES

• • • • • • • • • • • • • • • • • • • •

WEBSITE

USERNAME

PASSWORD

NOTES

F •

WEBSITE

USERNAME

PASSWORD

NOTES

• • • • • • • • • • • • • • • • • • • •

WEBSITE

USERNAME

PASSWORD

NOTES

WEBSITE

USERNAME

PASSWORD

NOTES

● ● ● ● ● ● ● ● ● ● ● ● ● ● ● ● ● ● ● ●

WEBSITE

USERNAME

PASSWORD

NOTES

● ● ● ● ● ● ● ● ● ● ● ● ● ● ● ● ● ● ● ●

F

WEBSITE

USERNAME

PASSWORD

NOTES

● ● ● ● ● ● ● ● ● ● ● ● ● ● ● ● ● ● ● ●

WEBSITE

USERNAME

PASSWORD

NOTES

WEBSITE

USERNAME

PASSWORD

NOTES

• • • • • • • • • • • • • • • • • • • •

WEBSITE

USERNAME

PASSWORD

NOTES

F • • • • • • • • • • • • • • • • • •

WEBSITE

USERNAME

PASSWORD

NOTES

• • • • • • • • • • • • • • • • • • • •

WEBSITE

USERNAME

PASSWORD

NOTES

WEBSITE

USERNAME

PASSWORD

NOTES

• •

WEBSITE

USERNAME

PASSWORD

NOTES

• •

G

WEBSITE

USERNAME

PASSWORD

NOTES

• •

WEBSITE

USERNAME

PASSWORD

NOTES

WEBSITE

USERNAME

PASSWORD

NOTES

· · · · · · · · · · · · · · · · · · · ·

WEBSITE

USERNAME

PASSWORD

NOTES

G ·

WEBSITE

USERNAME

PASSWORD

NOTES

· · · · · · · · · · · · · · · · · · · ·

WEBSITE

USERNAME

PASSWORD

NOTES

WEBSITE

USERNAME

PASSWORD

NOTES

• •

WEBSITE

USERNAME

PASSWORD

NOTES

• •

G

WEBSITE

USERNAME

PASSWORD

NOTES

• •

WEBSITE

USERNAME

PASSWORD

NOTES

WEBSITE

USERNAME

PASSWORD

NOTES

· ·

WEBSITE

USERNAME

PASSWORD

NOTES

H   ·

WEBSITE

USERNAME

PASSWORD

NOTES

· ·

WEBSITE

USERNAME

PASSWORD

NOTES

WEBSITE

USERNAME

PASSWORD

NOTES

• • • • • • • • • • • • • • • • • • • •

WEBSITE

USERNAME

PASSWORD

NOTES

• • • • • • • • • • • • • • • • • • • •

WEBSITE

USERNAME

PASSWORD

NOTES

• • • • • • • • • • • • • • • • • • • •

WEBSITE

USERNAME

PASSWORD

NOTES

WEBSITE

USERNAME

PASSWORD

NOTES

• • • • • • • • • • • • • • • • • • • •

WEBSITE

USERNAME

PASSWORD

NOTES

H • • • • • • • • • • • • • • • • • •

WEBSITE

USERNAME

PASSWORD

NOTES

• • • • • • • • • • • • • • • • • • •

WEBSITE

USERNAME

PASSWORD

NOTES

WEBSITE

USERNAME

PASSWORD

NOTES

• •

WEBSITE

USERNAME

PASSWORD

NOTES

• •

WEBSITE

USERNAME

PASSWORD

NOTES

• •

WEBSITE

USERNAME

PASSWORD

NOTES

WEBSITE

USERNAME

PASSWORD

NOTES

· ·

WEBSITE

USERNAME

PASSWORD

NOTES

· ·

WEBSITE

USERNAME

PASSWORD

NOTES

· ·

WEBSITE

USERNAME

PASSWORD

NOTES

WEBSITE

USERNAME

PASSWORD

NOTES

• •

WEBSITE

USERNAME

PASSWORD

NOTES

• •

WEBSITE

USERNAME

PASSWORD

NOTES

• •

WEBSITE

USERNAME

PASSWORD

NOTES

WEBSITE

USERNAME

PASSWORD

NOTES

• •

WEBSITE

USERNAME

PASSWORD

NOTES

J • • • • • • • • • • • • • • • • • •

WEBSITE

USERNAME

PASSWORD

NOTES

• • • • • • • • • • • • • • • • • • • •

WEBSITE

USERNAME

PASSWORD

NOTES

WEBSITE

USERNAME

PASSWORD

NOTES

• •

WEBSITE

USERNAME

PASSWORD

NOTES

•   **J**

WEBSITE

USERNAME

PASSWORD

NOTES

• •

WEBSITE

USERNAME

PASSWORD

NOTES

WEBSITE

USERNAME

PASSWORD

NOTES

• • • • • • • • • • • • • • • • • • •

WEBSITE

USERNAME

PASSWORD

NOTES

J • • • • • • • • • • • • • • • • • •

WEBSITE

USERNAME

PASSWORD

NOTES

• • • • • • • • • • • • • • • • • • •

WEBSITE

USERNAME

PASSWORD

NOTES

WEBSITE

USERNAME

PASSWORD

NOTES

· ·

WEBSITE

USERNAME

PASSWORD

NOTES

· ·

K

WEBSITE

USERNAME

PASSWORD

NOTES

· ·

WEBSITE

USERNAME

PASSWORD

NOTES

WEBSITE

USERNAME

PASSWORD

NOTES

• • • • • • • • • • • • • • • • • • • •

WEBSITE

USERNAME

PASSWORD

NOTES

K   •

WEBSITE

USERNAME

PASSWORD

NOTES

• • • • • • • • • • • • • • • • • • • •

WEBSITE

USERNAME

PASSWORD

NOTES

WEBSITE

USERNAME

PASSWORD

NOTES

● ●

WEBSITE

USERNAME

PASSWORD

NOTES

●   **K**

WEBSITE

USERNAME

PASSWORD

NOTES

● ●

WEBSITE

USERNAME

PASSWORD

NOTES

WEBSITE

USERNAME

PASSWORD

NOTES

• • • • • • • • • • • • • • • • • • • •

WEBSITE

USERNAME

PASSWORD

NOTES

L •

WEBSITE

USERNAME

PASSWORD

NOTES

• • • • • • • • • • • • • • • • • • • •

WEBSITE

USERNAME

PASSWORD

NOTES

WEBSITE

USERNAME

PASSWORD

NOTES

• •

WEBSITE

USERNAME

PASSWORD

NOTES

•   **L**

WEBSITE

USERNAME

PASSWORD

NOTES

• •

WEBSITE

USERNAME

PASSWORD

NOTES

WEBSITE

USERNAME

PASSWORD

NOTES

• • • • • • • • • • • • • • • • • • • •

WEBSITE

USERNAME

PASSWORD

NOTES

L • • • • • • • • • • • • • • • • • •

WEBSITE

USERNAME

PASSWORD

NOTES

• • • • • • • • • • • • • • • • • • • •

WEBSITE

USERNAME

PASSWORD

NOTES

WEBSITE

USERNAME

PASSWORD

NOTES

• •

WEBSITE

USERNAME

PASSWORD

NOTES

•   **M**

WEBSITE

USERNAME

PASSWORD

NOTES

• •

WEBSITE

USERNAME

PASSWORD

NOTES

WEBSITE

USERNAME

PASSWORD

NOTES

· ·

WEBSITE

USERNAME

PASSWORD

NOTES

M ·

WEBSITE

USERNAME

PASSWORD

NOTES

· ·

WEBSITE

USERNAME

PASSWORD

NOTES

WEBSITE

USERNAME

PASSWORD

NOTES

• •

WEBSITE

USERNAME

PASSWORD

NOTES

• •

M

WEBSITE

USERNAME

PASSWORD

NOTES

• •

WEBSITE

USERNAME

PASSWORD

NOTES

WEBSITE

USERNAME

PASSWORD

NOTES

• • • • • • • • • • • • • • • • • • • •

WEBSITE

USERNAME

PASSWORD

NOTES

N
• • • • • • • • • • • • • • • • • • •

WEBSITE

USERNAME

PASSWORD

NOTES

• • • • • • • • • • • • • • • • • • •

WEBSITE

USERNAME

PASSWORD

NOTES

WEBSITE

USERNAME

PASSWORD

NOTES

• • • • • • • • • • • • • • • • • • • •

WEBSITE

USERNAME

PASSWORD

NOTES

• • • • • • • • • • • • • • • • • • • •

N

WEBSITE

USERNAME

PASSWORD

NOTES

• • • • • • • • • • • • • • • • • • • •

WEBSITE

USERNAME

PASSWORD

NOTES

WEBSITE

USERNAME

PASSWORD

NOTES

● ● ● ● ● ● ● ● ● ● ● ● ● ● ● ● ● ● ● ●

WEBSITE

USERNAME

PASSWORD

NOTES

N   ●

WEBSITE

USERNAME

PASSWORD

NOTES

● ● ● ● ● ● ● ● ● ● ● ● ● ● ● ● ● ● ● ●

WEBSITE

USERNAME

PASSWORD

NOTES

WEBSITE _____

USERNAME _____

PASSWORD _____

NOTES _____

_____

_____

· ·

WEBSITE _____

USERNAME _____

PASSWORD _____

NOTES _____

_____

_____

·   ●

WEBSITE _____

USERNAME _____

PASSWORD _____

NOTES _____

_____

_____

· ·

WEBSITE _____

USERNAME _____

PASSWORD _____

NOTES _____

_____

_____

WEBSITE

USERNAME

PASSWORD

NOTES

· ·

WEBSITE

USERNAME

PASSWORD

NOTES

· ·

WEBSITE

USERNAME

PASSWORD

NOTES

· ·

WEBSITE

USERNAME

PASSWORD

NOTES

WEBSITE

USERNAME

PASSWORD

NOTES

• •

WEBSITE

USERNAME

PASSWORD

NOTES

• •

WEBSITE

USERNAME

PASSWORD

NOTES

• •

WEBSITE

USERNAME

PASSWORD

NOTES

WEBSITE

USERNAME

PASSWORD

NOTES

· · · · · · · · · · · · · · · · · · · ·

WEBSITE

USERNAME

PASSWORD

NOTES

P

· · · · · · · · · · · · · · · · · · · ·

WEBSITE

USERNAME

PASSWORD

NOTES

· · · · · · · · · · · · · · · · · · · ·

WEBSITE

USERNAME

PASSWORD

NOTES

WEBSITE

USERNAME

PASSWORD

NOTES

• •

WEBSITE

USERNAME

PASSWORD

NOTES

• •

P

WEBSITE

USERNAME

PASSWORD

NOTES

• •

WEBSITE

USERNAME

PASSWORD

NOTES

WEBSITE

USERNAME

PASSWORD

NOTES

• • • • • • • • • • • • • • • • • • • •

WEBSITE

USERNAME

PASSWORD

NOTES

P • • • • • • • • • • • • • • • • • •

WEBSITE

USERNAME

PASSWORD

NOTES

• • • • • • • • • • • • • • • • • • • •

WEBSITE

USERNAME

PASSWORD

NOTES

WEBSITE

USERNAME

PASSWORD

NOTES

• •

WEBSITE

USERNAME

PASSWORD

NOTES

•   Q

WEBSITE

USERNAME

PASSWORD

NOTES

• •

WEBSITE

USERNAME

PASSWORD

NOTES

WEBSITE

USERNAME

PASSWORD

NOTES

· · · · · · · · · · · · · · · · · · · ·

WEBSITE

USERNAME

PASSWORD

NOTES

Q · · · · · · · · · · · · · · · · · ·

WEBSITE

USERNAME

PASSWORD

NOTES

· · · · · · · · · · · · · · · · · · · ·

WEBSITE

USERNAME

PASSWORD

NOTES

WEBSITE

USERNAME

PASSWORD

NOTES

• •

WEBSITE

USERNAME

PASSWORD

NOTES

•   Q

WEBSITE

USERNAME

PASSWORD

NOTES

• •

WEBSITE

USERNAME

PASSWORD

NOTES

WEBSITE

USERNAME

PASSWORD

NOTES

• • • • • • • • • • • • • • • • • • • •

WEBSITE

USERNAME

PASSWORD

NOTES

R
• • • • • • • • • • • • • • • • • • •

WEBSITE

USERNAME

PASSWORD

NOTES

• • • • • • • • • • • • • • • • • • • •

WEBSITE

USERNAME

PASSWORD

NOTES

WEBSITE

USERNAME

PASSWORD

NOTES

• •

WEBSITE

USERNAME

PASSWORD

NOTES

•   R

WEBSITE

USERNAME

PASSWORD

NOTES

• •

WEBSITE

USERNAME

PASSWORD

NOTES

WEBSITE

USERNAME

PASSWORD

NOTES

• • • • • • • • • • • • • • • • • • • •

WEBSITE

USERNAME

PASSWORD

NOTES

R • • • • • • • • • • • • • • • • • •

WEBSITE

USERNAME

PASSWORD

NOTES

• • • • • • • • • • • • • • • • • • • •

WEBSITE

USERNAME

PASSWORD

NOTES

WEBSITE

USERNAME

PASSWORD

NOTES

· ·

WEBSITE

USERNAME

PASSWORD

NOTES

· ·

S

WEBSITE

USERNAME

PASSWORD

NOTES

· ·

WEBSITE

USERNAME

PASSWORD

NOTES

WEBSITE

USERNAME

PASSWORD

NOTES

· · · · · · · · · · · · · · · · · · · ·

WEBSITE

USERNAME

PASSWORD

NOTES

S

· · · · · · · · · · · · · · · · · · · ·

WEBSITE

USERNAME

PASSWORD

NOTES

· · · · · · · · · · · · · · · · · · · ·

WEBSITE

USERNAME

PASSWORD

NOTES

WEBSITE

USERNAME

PASSWORD

NOTES

· ·

WEBSITE

USERNAME

PASSWORD

NOTES

· ·

S

WEBSITE

USERNAME

PASSWORD

NOTES

· ·

WEBSITE

USERNAME

PASSWORD

NOTES

WEBSITE

USERNAME

PASSWORD

NOTES

· · · · · · · · · · · · · · · · · · · ·

WEBSITE

USERNAME

PASSWORD

NOTES

T · · · · · · · · · · · · · · · · · ·

WEBSITE

USERNAME

PASSWORD

NOTES

· · · · · · · · · · · · · · · · · · · ·

WEBSITE

USERNAME

PASSWORD

NOTES

WEBSITE

USERNAME

PASSWORD

NOTES

· ·

WEBSITE

USERNAME

PASSWORD

NOTES

· ·

T

WEBSITE

USERNAME

PASSWORD

NOTES

· ·

WEBSITE

USERNAME

PASSWORD

NOTES

WEBSITE

USERNAME

PASSWORD

NOTES

· · · · · · · · · · · · · · · · · · · ·

WEBSITE

USERNAME

PASSWORD

NOTES

T ·

WEBSITE

USERNAME

PASSWORD

NOTES

· · · · · · · · · · · · · · · · · · · ·

WEBSITE

USERNAME

PASSWORD

NOTES

WEBSITE

USERNAME

PASSWORD

NOTES

• •

WEBSITE

USERNAME

PASSWORD

NOTES

• •

U

WEBSITE

USERNAME

PASSWORD

NOTES

• •

WEBSITE

USERNAME

PASSWORD

NOTES

WEBSITE

USERNAME

PASSWORD

NOTES

•••••••••••••••••••••

WEBSITE

USERNAME

PASSWORD

NOTES

U

•••••••••••••••••••••

WEBSITE

USERNAME

PASSWORD

NOTES

•••••••••••••••••••••

WEBSITE

USERNAME

PASSWORD

NOTES

WEBSITE

USERNAME

PASSWORD

NOTES

• • • • • • • • • • • • • • • • • • • •

WEBSITE

USERNAME

PASSWORD

NOTES

•   **U**

WEBSITE

USERNAME

PASSWORD

NOTES

• • • • • • • • • • • • • • • • • • • •

WEBSITE

USERNAME

PASSWORD

NOTES

WEBSITE

USERNAME

PASSWORD

NOTES

· · · · · · · · · · · · · · · · · · · ·

WEBSITE

USERNAME

PASSWORD

NOTES

V · · · · · · · · · · · · · · · · · ·

WEBSITE

USERNAME

PASSWORD

NOTES

· · · · · · · · · · · · · · · · · · · ·

WEBSITE

USERNAME

PASSWORD

NOTES

WEBSITE

USERNAME

PASSWORD

NOTES

• •

WEBSITE

USERNAME

PASSWORD

NOTES

• •

V

WEBSITE

USERNAME

PASSWORD

NOTES

• •

WEBSITE

USERNAME

PASSWORD

NOTES

WEBSITE

USERNAME

PASSWORD

NOTES

· · · · · · · · · · · · · · · · · · · ·

WEBSITE

USERNAME

PASSWORD

NOTES

V
· · · · · · · · · · · · · · · · · · · ·

WEBSITE

USERNAME

PASSWORD

NOTES

· · · · · · · · · · · · · · · · · · · ·

WEBSITE

USERNAME

PASSWORD

NOTES

WEBSITE

USERNAME

PASSWORD

NOTES

• •

WEBSITE

USERNAME

PASSWORD

NOTES

•   W

WEBSITE

USERNAME

PASSWORD

NOTES

• •

WEBSITE

USERNAME

PASSWORD

NOTES

WEBSITE

USERNAME

PASSWORD

NOTES

• • • • • • • • • • • • • • • • • • • •

WEBSITE

USERNAME

PASSWORD

NOTES

W   •

WEBSITE

USERNAME

PASSWORD

NOTES

• • • • • • • • • • • • • • • • • • • •

WEBSITE

USERNAME

PASSWORD

NOTES

WEBSITE

USERNAME

PASSWORD

NOTES

• •

WEBSITE

USERNAME

PASSWORD

NOTES

•   **W**

WEBSITE

USERNAME

PASSWORD

NOTES

• •

WEBSITE

USERNAME

PASSWORD

NOTES

WEBSITE

USERNAME

PASSWORD

NOTES

....

WEBSITE

USERNAME

PASSWORD

NOTES

X ....

WEBSITE

USERNAME

PASSWORD

NOTES

....

WEBSITE

USERNAME

PASSWORD

NOTES

WEBSITE

USERNAME

PASSWORD

NOTES

· ·

WEBSITE

USERNAME

PASSWORD

NOTES

·   **X**

WEBSITE

USERNAME

PASSWORD

NOTES

· ·

WEBSITE

USERNAME

PASSWORD

NOTES

WEBSITE

USERNAME

PASSWORD

NOTES

· · · · · · · · · · · · · · · · · · · ·

WEBSITE

USERNAME

PASSWORD

NOTES

X · · · · · · · · · · · · · · · · · · ·

WEBSITE

USERNAME

PASSWORD

NOTES

· · · · · · · · · · · · · · · · · · · ·

WEBSITE

USERNAME

PASSWORD

NOTES

WEBSITE

USERNAME

PASSWORD

NOTES

● ●

WEBSITE

USERNAME

PASSWORD

NOTES

Y

● ●

WEBSITE

USERNAME

PASSWORD

NOTES

● ●

WEBSITE

USERNAME

PASSWORD

NOTES

WEBSITE

USERNAME

PASSWORD

NOTES

● ● ● ● ● ● ● ● ● ● ● ● ● ● ● ● ● ● ●

WEBSITE

USERNAME

PASSWORD

NOTES

Y
● ● ● ● ● ● ● ● ● ● ● ● ● ● ● ● ●

WEBSITE

USERNAME

PASSWORD

NOTES

● ● ● ● ● ● ● ● ● ● ● ● ● ● ● ● ● ●

WEBSITE

USERNAME

PASSWORD

NOTES

WEBSITE

USERNAME

PASSWORD

NOTES

• •

WEBSITE

USERNAME

PASSWORD

NOTES

•   Y

WEBSITE

USERNAME

PASSWORD

NOTES

• •

WEBSITE

USERNAME

PASSWORD

NOTES

WEBSITE

USERNAME

PASSWORD

NOTES

• • • • • • • • • • • • • • • • • • • •

WEBSITE

USERNAME

PASSWORD

NOTES

Z • • • • • • • • • • • • • • • • • •

WEBSITE

USERNAME

PASSWORD

NOTES

• • • • • • • • • • • • • • • • • • • •

WEBSITE

USERNAME

PASSWORD

NOTES

WEBSITE

USERNAME

PASSWORD

NOTES

· ·

WEBSITE

USERNAME

PASSWORD

NOTES

· ·

Z

WEBSITE

USERNAME

PASSWORD

NOTES

· ·

WEBSITE

USERNAME

PASSWORD

NOTES

WEBSITE

USERNAME

PASSWORD

NOTES

• • • • • • • • • • • • • • • • • • • •

WEBSITE

USERNAME

PASSWORD

NOTES

Z
• • • • • • • • • • • • • • • • • • •

WEBSITE

USERNAME

PASSWORD

NOTES

• • • • • • • • • • • • • • • • • • •

WEBSITE

USERNAME

PASSWORD

NOTES

NOTES

NOTES

NOTES

NOTES

NOTES

NOTES

NOTES

NOTES

NOTES

NOTES

NOTES

NOTES

NOTES

NOTES

NOTES

NOTES

www.ingramcontent.com/pod-product-compliance
Lightning Source LLC
Chambersburg PA
CBHW031245050326
40690CB00007B/959